Handlung

»Iris war rücksichtslos, also erwartet auch keine Rücksicht von mir. Ich trete nur in ihre Fußstapfen.« (S. 9)

Blueprint.Blaupause. Was bedeutet ein solches Leben für das Original und die Kopie?

Was wie eine schonungslose Abrechnung beginnt, erweist sich als emanzipatorischer Befreiungsakt besonderer Art.
Siri Sellin, 22, als Produkt einer genetischen Manipulation gleichzeitig Tochter und Zwilling ihrer Mutter und Schwester Iris, reflektiert und protokolliert nach dem Tode ihres »Mutterzwillings«, ihr Leben als vaterlose, identische Kopie (Blueprint.Blaupause) ihrer egoistischen, ehrgeizigen Mutter.
Diese Retrospektive beinhaltet einerseits eine fast sachlich distanzierte Darstellung der reproduktionsmedizinischen Aspekte – andererseits eine emotionale, selbstkritische Auseinandersetzung Siris mit den Widersprüchen und Besonderheiten ihrer eigenen Biografie.

Iris Sellin, erfolgreiche, gefeierte Komponistin und Pianistin ist unheilbar an multipler Sklerose erkrankt. Nach einem akuten MS-Schub wird sie sich plötzlich ihrer Einsamkeit bewusst und plant, ihrer Egozentrik folgend, ihre eigene Reproduktion in Gestalt einer Tochter.

»Nein, du hast deine Liebe nie verschwendet, an kein Kind und keinen Mann. Du kanntest niemanden, von dem du dir ein Kind gewünscht hättest. Du warst nicht geschaffen für eine echte Partnerschaft, höchstens für eine Klonschaft. Tief in deinem Inneren hast du gefühlt, dass allein das dir entsprach. Du konntest niemanden so lieben wie dich. Und nur um dich noch mehr lieben zu können, wolltest du mich, den Klon.« (S. 21)

So verdoppelt sie sich mit Hilfe Mortimer G. Fishers, einem ehrgeizigen kanadischen Reproduktionsmediziner.

Das Leben von Original und Kopie verläuft zunächst planmäßig. Siri erfüllt als Iris‘ Blaupause alle Erwartungen. In der Pubertät zeigen sich jedoch erste tiefere Risse im Mutter/Tochter-Verhältnis, die sich vergrößern und zu einer ersten (räumlichen) Trennung führen.
Aber erst nach dem Tod von Iris kann sich Siri vom Doppelwesen IRIS/SIRI; DU/ICH lösen und zu sich selbst finden. Diesen Prozess bewältigt sie schreibend, ihre Erinnerungen, Träume und Gefühle protokollierend. Die Abschnitte dieses »Protokolls« spiegeln die einzelnen »Lebens-Stadien«: Doppelgöttin – Duett-Zwietracht – Zweikampf – Doppelleben – Pollux seul.

Dabei wird allerdings auch deutlich, dass die Bande zwischen den »Zwillingen« sehr eng waren. Auch Siri ist allein, unfähig eine feste Beziehung mit einem Partner einzugehen; als Malerin, berühmt und erfolgreich, allerdings fest entschlossen, sich nicht zu reproduzieren: *»Keine Kinder! Das stand fest!«*

Charlotte Kerners Roman weist drei unterschiedliche »Texte« auf.
Dem **Bericht** Siris (S. 9-173) folgt ein fiktiver **Sachtext**, der den Bericht aus der Sicht der Vorsitzenden einer »Kommission für Fortpflanzungsfortschritt« (*Commisssion for Reproductive Progress, CRP)* kommentiert und bewertet (S. 174-177). Abschließend kommentiert Charlotte Kerner im **Nachwort der Autorin zur Taschenbuchausgabe** (S. 178f.) die Thematik ihres Romans, gibt kurze Informationen **Was kann die Wissenschaft** (S. 183f.) und weist auf benutzte Quellen (S. 187ff.) hin.

Blueprint ist einer der ersten Klon-Berichte, den eine Betroffene selbst verfasst hat

Problematik

»Was persönliche und gesellschaftliche Moral im Fall des Klonens bedeutet, darüber muss weiter diskutiert werden. [...] Blueprint ist ein Buch zum Streiten.« (S. 182)
Im Mittelpunkt dieses, im Jahr 2000 zu Recht mit dem Deutschen Jugendliteraturpreis ausgezeichneten Romans steht mit dem Klonen ein Thema, dessen Realisierung bereits ein Traum alter Alchimisten war:
Vom mittelalterlichen Laboratorium des Dr. Faustus, in dem dessen Famulus kompensiert, verlustiert, kohobiert und so den Homunculus kreiert, über das Bokanowsky-Verfahren in der Brut- und Normzentrale einer schönen, neuen Welt bis zum Hightech-Genlabor des 21. Jahrhunderts, in dem Mortimer G. Fisher das Telemikroskop mit Joystick dirigiert, um Schaltergene des Zellcomputers ein- und auszuschalten und den Kern einer Hautzelle zur Entwicklung eines kompletten Organismus zu veranlassen: »*Es wird ein Mensch gemacht*«, kurz ein Blueprint, eine Blaupause eines Homo sapiens.
Neben den **bio-technischen Aspekten** spielt hier vor allem die **philosophische Diskussion** eine große Rolle. Auf Aufsätze von **Hans Jonas** und **Jürgen Habermas** weist Kerner explizit hin.

»Es wird ein Mensch gemacht – die Blaupause eines Homo sapiens.«

Der zweite Romanschwerpunkt ergibt sich aus der direkten Auseinandersetzung zwischen Mutter und Tochter, zwischen **Original und Kopie.**
Nach einer harmonischen Kindheit zeigen sich während der Pubertät Siris erste Risse im **Mutter/Tochter/Schwester-**

Verhältnis, die sich unter zunehmender Rivalität und infolge aggressiver Auseinandersetzungen zum offenen Bruch ausweiten. Erst das Erwachsenwerden der Tochter normalisiert das Verhältnis wieder.

Beide Themenkreise bieten verschiedene Zugangsmöglichkeiten, die – im Sinne der Autorin – über die reine Textrezeption hinausgehen. Dabei muss aber deutlich bleiben, das es sich bei *Blueprint* um einen literarischen Text und keinesfalls um ein Sachbuch handelt.

Didaktisch-methodische Überlegungen

Sprechen und Schreiben

»Ein Buch zum Streiten« nennt die Autorin ihr Werk und weist damit den Weg zu einer intensiven Auseinandersetzung mit den Themen des Romans. Hier können Formen der Rede, des Gesprächs, des Diskutierens und Erörterns in mündlicher und schriftlicher Gestaltung wiederholt und gefestigt werden. Anregungen bieten hierzu unter anderem die Arbeitsblätter **Kopie 1, 2 und 6.**

Ein Klon von mir wäre wie ich – Anregungen zum kreativen Schreiben

- Entwicklung und Einübung einer **Kultur des Streitens**: Argumentieren und Erörtern
- Sachverhalte (lit./biol./med./tech.) schriftlich darlegen und adressatenbezogen aufbereiten
- Schriftliche und mündliche Präsentation von Arbeitsergebnissen/Sachinformationen
- Textanalyse eines Romans
- Textproduktionen (Sachtexte, literarische Schreibversuche, Collagen)

Reflexion über Sprache

Anregungen bieten hierzu **Kopie 7, 9, 10, 12.** Sowohl die Konzeption des Romans, als auch die behandelte Thematik lassen eine intensive Auseinandersetzung mit unterschiedlichen sprachlichen Phänomen zu.

- Analyse der **Sprachen** im Roman: Roman-Epilog-Nachwort
- Besonderheiten der »Sprache der Wissenschaft«
- Fach- und Wissenschaftssprachen (Genetik, Medizin, ...) untersuchen
- Probleme und Strategien der Popularisierung wissenschaftlicher Erkenntnisse erkennen und für eigene Textbearbeitungen nutzen
- Metaphern in der Wissenschaftssprache analysieren

Umgang mit (anderen) Texten
Anregungen bieten hierzu **Kopie 3, 5, 7, 8, 9, 10, 14.**

- Literarische Texte vergleichend und kontrastiv heranziehen
- Sachtexte aus Biologie, Medizin und Philosophie erschließen und reflektieren
- Medientexte: Printmedien; TV-Beiträge; Internet-Texte auswerten und selektiv nutzen
- Film(ausschnitte) auswählen und kommentieren

Methodenkompetenz
Anregungen bieten hierzu **alle Kopier-Vorlagen** in unterschiedlichen Formen.

- Methoden der Texterschließung wiederholen und einüben
- Glossar und/oder eine kommentierte Ausgabe erstellen
- In verschiedenen Medien recherchieren (Lexika, Sach-/ Handbücher, CD-Rom, Internet)
- Themen- und/oder projektbezogenes Arbeiten (selbstständig und/oder im Team)
- Unterschiedliche Präsentationen (Sachinformationen/ Diskussionsforen) vorbereiten und realisieren
- Projektarbeit eigenverantwortlich gestalten

Fächerverbindende Aspekte

Bei der Behandlung im Deutschunterricht in der Sekundarstufe II lassen sich alle formalen Ziele und Aspekte einer **Generalisten-Ausbildung** realisieren. Von der Autorin als interdisziplinäres Werk (**Literatur, Naturwissenschaft, Medizin, Philosophie, Ethik, Kunst, Musik, ...)** angelegt, bietet es mannigfaltige Anknüpfungspunkte für einen offenen Literaturunterricht, bei dem selbstverständlich auch das Lesevergnügen nicht zu kurz kommt.

Was ist der Mensch? Ein interdisziplinäres Schreibgespräch realisieren

Es bietet sich infolgedessen ausgezeichnet als Baustein eines **fachübergreifenden oder fächerverbindenden Projektes** an.
Dabei können unterschiedliche Disziplinen miteinander verbunden werden:

- **Biologie** (Entwicklung des Menschen, genetisch bedingte Krankheiten, Reproduktionsmedizin, Gen- und Biotechnologie);
- **Philosophie/Religion** (ethische Fragestellungen);
- **Erziehungswissenschaften** (Entwicklungspsychologie, Zwillingsforschung);
- **Musik/Kunst** (vgl. Quellenangaben der Autorin, S. 187f.);

- **Englisch/Französisch** (Amerikanische Web-Sites/Klassiker der SF-Literatur).

Ebenso lassen sich zahlreiche **Facharbeitsthemen** aus der Romanbehandlung ableiten.

Anregungen zur Texterschließung und -bearbeitung im Unterricht

Die vorstehenden Bemerkungen weisen bereits darauf hin, dass **Blueprint.Blaupause** keinesfalls als rein literarischer Text behandelt werden sollte. Dennoch steht naturgemäß im Deutschunterricht zunächst die Analyse des literarischen Textes im Vordergrund. Allerdings bietet es sich an, bereits während der Lektüre des Romans durch die Schüler und Schülerinnen Hinweise auf die Schwerpunktthemen zu geben, bzw. diese parallel arbeitsteilig in Gruppen behandeln zu lassen.

Expertenwissen bei den Schülern und Schülerinnen entwickeln und nutzen

Dies ermöglicht z.B. den **Biologie-Spezialisten**, den Mitschülern gewissermaßen als Experten zur Verfügung zu stehen.

Denkbar ist auch die Erstellung eines **Glossars** mit dessen Hilfe vor allem Fragen und Begriffe der Genetik und Reproduktionsmedizin sowie die Wortneuschöpfungen der Autorin geklärt werden können.

Aufbau des Romans

Der Roman ist formal klar strukturiert. Die Kapitelüberschriften in Verbindung mit den Angaben zu den Lebensabschnitten Siris bedürfen (fast) keiner weiteren Hinweise. Die Schüler(innen) können beispielsweise eine Zeitleiste anlegen, um die Geschichte Siris von ihrer Planung, dem *Jahr Null* (S. 11), bis zum *Juni des 32. Jahres* (S.173) zu verfolgen. Ausgehend von der Textstelle *Leben im Rückwärtsgang* (S. 15) bietet sich das Erstellen einer **Zeitleiste: Erzählzeit – erzählte Zeit** an.

Beachtenswert ist auch das Auftreten verschiedener **Textformen**: Neben dem **literarischen Text** (S. 9-173) finden sich ein **fiktiver Sachtext** *Egoklon-EPILOG* (S. 174ff), ein ***Nachwort der Autorin zur Taschenbuchausgabe*** (S. 178); **reale Sachinformationen** (S. 183) und ein kommentiertes **Quellenverzeichnis** (S.187 ff) folgen.

Erzählweisen/Rolle der Erzählerin

Formen des Erzählens

»Als Klon kann ich schließlich Iris oder Siri sein oder ich bin uns beide gleichzeitig. Manchmal steige ich auch einfach aus und werde jemand Drittes, der die Geschichte von Iris und Siri erzählt. Dann kann ich mich/sie/uns betrachten, wie eine Forscherin ihre Versuchsanordnung im kalten, blauen Laborlicht beobachtet.« (S. 11/12)

»Wahr ist, was Iris mir erzählt. (...)
Wahr ist, an was ich mich erinnere. (...)
Wahr ist, was ich als Iris-Klon hinter den Fakten erfühle.«

Ausgehend von dieser Aussage sollten die Schüler(innen) entsprechende Passagen im Text suchen und dokumentieren. (**Kopie 11**)

Dabei könnten die unterschiedlichen Formen des Erzählens aufgezeigt und die entsprechenden Termini wiederholt und eingeübt werden (Erzählverhalten; Standort der Erzählerin; Erzählhaltung; Formen der Figurenrede, ...).

Sachtextanalyse

Mit dem **Bericht** Siri Sellins ist der eigentliche **erzählende Text** abgeschlossen. Sowohl der Epilog als auch die Abschnitte **Nachwort der Autorin**, **Was kann die Wissenschaft** und **Quellen und Danksagung** gehören eher der Textsorte Sachtext an.

Die kann durch eine Analyse der Texte auf Mikroebene (Wortschatz, stilistisch-rhetorische Mittel, Satzbau, ...) und der Makroebene (Sinneinheiten und ihre Funktionen) aufgezeigt werden. Vor allem das Kapitel **Egoklon** (S. 174ff) zeigt eindeutige Merkmale einer Fach- und Wissenschaftssprache in Wortschatz, Morphologie und Syntax.

»Ego-Klone nennt man die Kinder von Klon-Vätern und Klon-Müttern vom Typ Egomane.«

Vertiefende aber auch weiterführende Arbeitsanregungen, die sich mit unterschiedlichen Sprachebenen, Stilen und Textsorten auseinandersetzen, finden sich beispielsweise in **Kopie 7** (Juristische Fachsprache), **Kopie 9** (Sachtext, Pressemitteilung, Glosse) und **Kopie 10** (Naturwissenschaftliche Fachsprache, Naturwissenschaft in literarischen Texten). Der Einsatz dieser Arbeitsblätter lässt sich unmittelbar in die Romananalyse integrieren.

Die Sprache selbst als reflektiertes Thema im Roman leitet die Diskussion der Schüler an:
»Die Sprache lügt nicht, ...« (S. 28)
Ausgehend vom Titel und den Kapitelüberschriften bietet sich die Auseinandersetzung mit der **Metaphorik** des Romans an.

z. B.: Blueprint.Blaupause (S. 9f, 14), *Doppelgöttin* (S. 11), *Pollux Seul* (S. 165), *Schwarze Liebeswüste* (S. 39), *genetisches Hiroshima* (S. 39), *irdische Zweieinigkeit, Mütter-, Väterdämmerung*

Dazu gehören ohne Frage auch **Wortneuschöpfungen** der Autorin: *»Einige der von Siri Sellin zum ersten Mal verwendeten Begriffe gehören heute zum alltäglichen Sprachgebrauch.«* (S. 174) *Mutterzwilling, Muzwi* (S. 9, 46, 72!), *Vaterzwilling*, Vazwi (S. 174), *Missbrut* (S. 103, 174), *Einling* (S. 11), *Klon-Elter, Klonschaft* (S. 174)

In diesem Zusammenhang lassen sich auch die morphologischen »Regeln« dieser Bildungen erarbeiten:
Komposita: *Menschenklon* (S. 11), *Klongelüste* (S. 38);
Derivationen: *Klonschaft* (S. 174), *klonig* (S. 9);
Nominalisierung: *Kloner* (S. 105), *Klonoide* (S. 78);
assoziative Bildungen: *Klonopoly* (S. 26);
substantivische Reihungen: *Iris-Klon* (S. 11), *Klon-Tochter* (S. 14);
Abkürzungen: *Vazwi* (S. 174); ...

Die **Wortfelder Blau** und **Klon** spielen ebenfalls eine wichtige Rolle und lohnen eine nähere Analyse (**Kopie 12**).

»Vorsicht! Stolpergefahr mit blauen Beulen, blau wie eine Blaupause, blue like a blueprint.«

Fachsprachliche Termini und **Anglizismen** können im Zusammenhang mit der Klärung der genetischen Grundlagen erläutert und in ihrer sprachlichen Funktionalität diskutiert werden.

Mythologie
Innerhalb des Romans finden sich verschiedene Hinweise auf Mythologien aus unterschiedlichen Kulturkreisen, die vorgestellt und in ihrer Beziehung zum/Bedeutung für den Text untersucht werden können.

Textbezüge: Zwillinge (S. 22); Erstes internationales Zwillingstreffen (S. 97ff); die ungleichen Zwillinge Johannes und Lazarus (S. 140); Kastor und Pollux (S. 172)

Figuren/Personenkonstellation
Kopie 13 bietet eine Übersicht der Personenkonstellation. In Form von Wandzeitungen können Portraits der Hauptfiguren erstellt werden. Dabei lassen sich sowohl Äußerlichkeiten als auch Wesensmerkmale in **Steckbriefen** oder **Persönlichkeitsprofilen** zusammenstellen.

»Niemand kann und wird am Ende gegen uns oder gegen das Klonen sein … das wissen Sie so gut wie ich.«
(Iris im Gespräch mit M. Fisher)

Iris Sellin (S. 15)

Siri Sellin (S. ???)

Mister Black (S.9)

Katharina Sellin (S.32)

Mortimer Gabriel Fisher (S. 15 f)

Jonathan Fisher (S. 19ff, 167)

Thomas Weber (S. 28)

Daniela Hausmann, »Dada« (S. 41)

Janeck Hausmann, »Janne« (S. 41)

Problemkreise

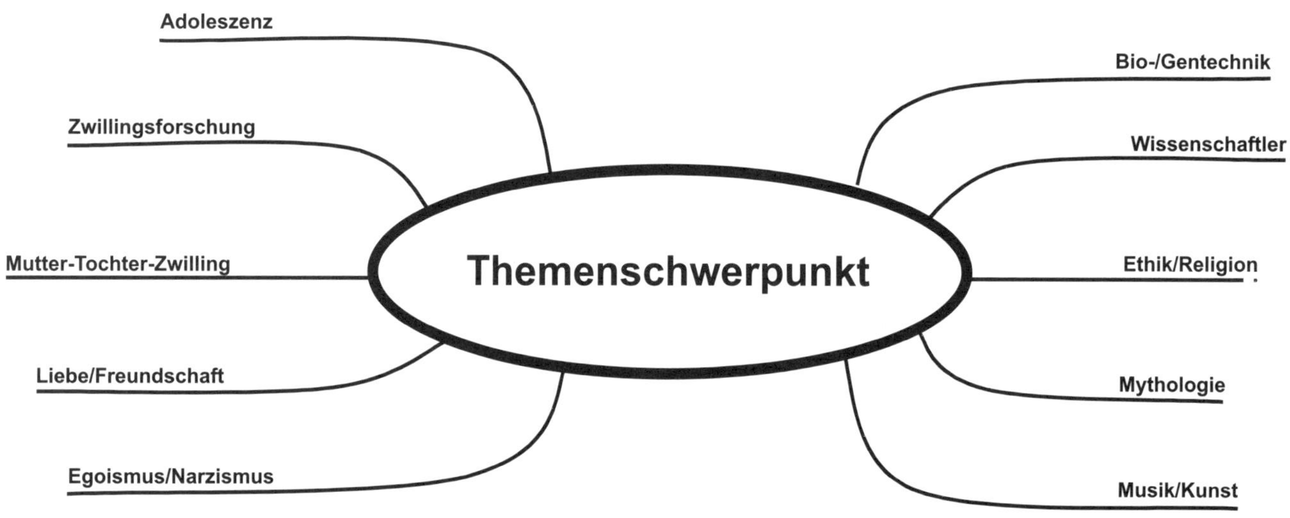

Unterrichtsbeispiele für einen handelnd-produktiven Umgang mit dem Buch

Wie bereits mehrfach angedeutet, bietet das Buch vielfältige Möglichkeiten, Formen selbstständigen Arbeitens mit unterschiedlichen Arbeitsmethoden handlungsorientiert in den Literaturunterricht zu integrieren. Je nach Wahl des Kurses/der Klassen sind unterschiedliche Schwerpunktsetzungen denkbar. Im Folgenden werden einige vorgestellt. Das Arbeitsmaterial (Kopien) bietet entsprechende Anregungen.

Schwerpunktthema 1: Es wird ein Mensch gemacht: Medizin • Bio-/Gentechnologie • Das Geschäft mit den Genen
(Kopie 2, Kopie 3, Kopie 5, Kopie 14)

Wohl kaum ein naturwissenschaftliches Thema beherrscht derzeit die Medien wie die Bio- und Gentechnologie. Daher ist eine die Lektüre begleitende Dokumentation der biologischen und technologischen Grundlagen auch in Verbindung mit dem Biologieunterricht für die Schüler(innen) ab Stufe 9 ohne größere Probleme leistbar.

»Es gab keinen Zweifel mehr. Sie hatte die multiple Sklerose im Leib. Das bestätigten auch die medizinischen Tests.«

Wichtig ist es hier, die Geschichte der Fortpflanzungsmedizin herauszuarbeiten: Von der Verhütungspille (der ersten Trennung von Sexualität und Fortpflanzung) über das Retortenbaby bis zum »Designerbaby« Klon.

Durch das Klonen gelingt es zum ersten Mal, den Zufall tatsächlich auszuschalten und wirklich einen Menschen mit einer festgelegten/ausgewählten Erbanlage zu machen, also ein echtes Wunschkind zu erzeugen.

Zwar wird schon versucht, durch die Auswahl von »1a-Keimzellen« – etwa den Samen von Nobelpreisträgern oder Eizellen von schönen Frauen – dem IVF-Kind bestmögliche Gen-Chancen zu geben, doch was herauskommt, ist immer noch ein Zufallsprodukt.

Noch in sehr weiter Ferne liegt auch die Möglichkeit, einzelne Eigenschaften, z.B. Intelligenz, Aussehen auf genetischer Ebene gezielt zu beeinflussen. Deshalb ist der Klon so verlockend: Hier weiß ich zum ersten Mal, was für ein Kind ich – genetisch gesehen – bekomme! Was zur Zeit läuft, ist das Verwerfen kranker, in der IVF gezeugter Embryonen durch vorgeburtliche Tests.

Interessant ist in diesem Zusammenhang eine **Internet-Recherche** (Achtung! Die Site *CloneRUs* ist eine Satire!) zur Informationsbeschaffung über Methoden der **Reproduktionsmedizin**, Fragen der **Präimplantationsdiagnostik (PID)** und dem in den USA legalen **Handel mit menschlichen Spermien und Eizellen.** Da bei letzterem entsprechende Web-Seiten nur in Englisch vorliegen, sollten ggf. Fachkolleg(inn)en hinzugezogen werden.

Die Ergebnisse lassen sich auf einer Wandzeitung oder in einer eigens angefertigten Informationsbroschüre dokumentieren.

Textbezüge: S. 13f, vor allem auch die Informationen des Nachworts (S. 178ff und besonders S.183ff)

Schwerpunktthema 2: Die Mitverantwortung des Einzelnen und der Gesellschaft in der wissenschaftlich-technischen Lebenswelt: Die *Kommission für Fortpflanzungsfortschritt* (S. 176)

(Kopie 5, Kopie 6, Kopie 7, Kopie 8, Kopie 14)

Was darf der Mensch? Welche Verantwortung hat der Wissenschaftler gegenüber der Gesellschaft? Ist medizinischer Fortschritt für alle erreichbar oder wird hier selektiert?

Auch dieser Schwerpunkt bedarf der fachübergreifenden Konzeption. Die im Anhang genannten Quellen der Autorin können auch von den Schülern genutzt und/oder vorgestellt werden. Über **Kopie 5** können aktuelle Bezüge hergestellt werden. Das Literaturverzeichnis bietet weitere Hinweise.

Auf den Roman bezogen steht zum ersten Komplex **die Figur Mortimer G. Fishers** im Zentrum der Diskussion. Der zweite Komplex kann anhand des Epilogs und des Nachwortes der Autorin behandelt werden.

Kopie 14 bietet einen aktuellen Beitrag aus dem Bereich der politischen Verantwortung. Bundeskanzler Gerhard Schröder bezieht zum Themenkomplex »Klonen« Stellung.

Textbezüge:

Zur Rolle des Wissenschaftlers (z.B. S. 13, **19f**, 27), Epilog (S. 174 ff) Nachwort (S. **179ff**)

Die Fragen: Was kostet der technische Fortschritt? Wer kann sich die Gen-High-Tech leisten? Ist Fortpflanzungsfortschritt nicht auch Eugenik? sollen vom **Epilog** ausgehend diskutiert werden (S. 174ff).

Die Feststellung Charlotte Kerners ***Blueprint* ist ein Buch zum Streiten** (S. 182) muss als Aufforderung verstanden und aufgegriffen werden.

**Blueprint
ist ein Buch zum Streiten**

Schwerpunktthema 3: Muzwi und Tochter-Klon: Von Mutter-Komplexen und Zwillingstraumata

Vor allem die intensive Analyse des Kapitels **Duett Kindheit II** (S. 71ff) liefert zahlreiche Bezüge zur Auseinandersetzung mit der **Mutter-Tochter-Beziehung und der Zwillingsthematik**. Es bietet sich hier auch an, im Schulumfeld »echte« Zwillinge verschiedener Altersstufen über ihre eigenen Erfahrungen im Umgang miteinander zu befragen.

In Kooperation mit einem Pädagogik-Kurs lassen sich in der Sek II Erkenntnisse wissenschaftlicher Zwillingsforschung referieren und diskutieren.

Textbezüge:

»Erstes internationales Zwillingstreffen« (S. 97ff); Zwillinge in der germanischen Mythologie (Sieglinde, Siegmund S. 109) und griechischen Mythologie: Göttinnenstatue (S. 29), Kastor und Pollux, (S. 172)

Schwerpunktthema 4: Science meets Fiction: Literatur im Zeichen naturwissenschaftlichen Fortschritts (Kopie 3, Kopie 4, Kopie 9, Kopie 10)

Die Arbeitsanregungen bieten verschiedene Zugänge, die »zwei Kulturen« miteinander zu vereinen. Dabei können sowohl analytische Schwerpunkte, etwa im Rahmen der vergleichenden Lektüre verschiedener Texte oder der Behandlung unterschiedlicher Textsorten, als auch produktionsorientierte Verfahren in den Mittelpunkt des Unterrichts gestellt werden.
Hier bietet auch die Integration unterschiedlicher Medien (Zeitungen, Magazin, TV, Film) vielfältige Anknüpfungs- und Vertiefungspunkte.

»Maschinen spielen in den Installationen von Siri Sellin eine Hauptrolle. Sind es metallene Konstruktionen, die scheinbar unbegrenzt leben?«

Bezüge zur **Musik und Kunst** werden von den **Quellenangaben und Danksagungen** Charlotte Kerners her aufgegriffen. (Vgl. auch **Kopie 7**)

Schwerpunktthema 5: Wissenschaft in der Medienöffentlichkeit

Eine umfassende Einführung in diese Thematik bietet der **Schülerarbeitsband: »Abrakadabra der Fachsprache: Wissenschaft und Medienöffentlichkeit« (Kursthemen Deutsch. Cornelsen. Berlin 2000)**. Am Beispiel der Gentechnologie wird die Vermittlung wissenschaftlicher Fragestellungen in den Medien thematisiert. Dort finden sich weitere Materialien zur Funktion wissenschaftlicher Fachsprache, zu Popularisierungsstrategien in den Medien sowie zur Argumentation über ethische Grenzen der Gentechnik. Insbesondere das in diesem Band vorgestellte »Text-Design« bietet Anregungen zur popularisierenden Wissenschaftsvermittlung, die auch im Zusammenhang mit **Blueprint** genutzt werden können. So lässt sich vor allem der Anhang (S. 178 ff) im Stile (populär-)wissenschaftlicher Magazine aufbereiten. Die dabei erworbenen Kenntnisse, Fähig- und Fertigkeiten finden ihre konkrete Anwendung im folgenden Thema:

Schwerpunktthema 6: Präsentation und Dokumentation

Mögliche Präsentations- und Dokumentationsformen sind Wandzeitungen, die Herausgabe einer Sonderausgabe der Schülerzeitung aber auch Verbindungen mit anderen Fächern und außerschulischen Institutionen (Selbsthilfegruppen, Beratungsstellen, Büchereien, ...) die Planung und Gestaltung einer Informationsausstellung, beispielsweise im Rahmen einer Projektwoche.

Materialien und Medien

Literatur (Auswahl)
Die folgenden Angaben können auch als Basis für Kurzvorträge, Präsentationen, Gruppen- oder Facharbeiten dienen. **Besonders geeignet erscheinende Publikationen sind hervorgehoben.**
Aktuelle Beiträge finden sich in der Tages- und Wochenpresse, sowie in diversen Magazinen.

Romane zum Themenkomplex (Auswahl)

Goethe, J.W:	Faust; Der Tragödie zweiter Teil	
Haak, Gabriele M.	Liebe on the rocks	München (Heyne) 1999
Houellebecq, Michel	Elementarteilchen	Köln (Dumont) 1999
Kerner, Charlotte	Geboren 1999	Weinheim (Beltz)
Simmel, Johannes M.	Doch mit den Clowns kamen die Tränen	München (Knaur-Tb) 1990
Huxley, Aldous	Schöne neue Welt	Frankfurt (Fischer-Tb) 1953
Kaye, Mailyn	Replica (Serie, bislang 7 Bände)	München (Omnibus) 1999 ff
Rabisch, Birgit	Duplik Jonas 7	München (dtv) 1996
Crichton, Michael	DinoPark (Jurassic Park)	München (Knaur-Tb) 1993
Crichton, Michael	The Lost World – Vergessene Welt	München (Droemer) 1996

Sachtexte (Sammelbände)
Die Einzeltexte (Aufsätze) bieten Materialien für fach-, themen- und leistungsbezogene Differenzierungen

Schuller, A./Heim,H. (Hrsg.)	Der codierte Leib	Zürich (Artemis) 1989
Fischer, E.P./ Schleuning,W.-D.	Vom richtigen Umgang mit Genen	München (Piper) 1991
Ach/Brudermüller/ Runtenberg	**Hello Dolly? Über das Klonen**	**Frankfurt (Suhrkamp) 1998**
Kleer, M./Söling,C. (Hrsg.)	Herausforderung: Klonen	Paderborn 1999
Sommer,Theo (Hrsg.)	Was darf der Mensch?	ZEIT-Punkte 2/1995
Bundesgesetzblatt	**Embryonenschutzgesetz**	**BGBl 1990 Teil I S. 2746**

Unterrichtsmaterialien, Zeitschriften, Themenhefte

Etschberg, Karla (Hrsg.)	**Sexualität und Fortpflanzung des Menschen (Unterricht Biologie 237)**	**Seelze (Friedrich) 1998**
Gerling, M./Gierlich, H.	**Abrakadabra der Fachsprache: Wissenschaft und Medienöffentlichkeit (Kursthemen Deutsch)**	**Berlin (Cornelsen) 2000**
Stäudel,I./Werber, B.	Gentechnologie (Wochenschau 3/1999)	Frankfurt (Wochenschau-Verlag) 1999
Käberich/Ohlwein/Törner	Ich – Was ist das? (Unterrichtsentwurf zu »Blueprint« für den Konfirmandenunterricht) *Konfe*mormal 50 (6/2000)	Gütersloh, (Gütersloher Verlagshaus) 2000
NZZ *Folio*	**Gene**	**Zürich, Heft 9/2000**
NZZ-Fokus	Gentechnologie	Zürich, 1997
SZ-Dossier	**25 Jahre Gentechnik**	**München 1998**

Sachbücher (Einzeldarstellungen)

Bartens, Werner	**Die Tyrannei der Gene**	**München (Blessing) 1999**
Jonas, Hans	**Technik, Medizin und Ethik**	**Frankfurt (Suhrkamp-Tb) 1987**
Maranto, Gina	Designer-Babys: Träume vom Menschen nach Maß	Stuttgart (Klett-Cotta) 1998
Winnacker, Ernst. L.	Gene und Klone	Weinheim (Wiley/VCH) 1990
Podschun, Trutz Eyke	Sie nannten sie Dolly. Von Klonen, Genen und unserer Verantwortung	Weinheim (Wiley/VCH) 1999
Cernay, I und J.	Im Anfang war Dolly	München (Heine) 1997
Gassen, H.-G./ Appelhaus, H.	Gentechnik	Stuttgart (Fischer) 1991
Hantke, Birte (Hrsg.)	**Genwelten • Werkstatt Mensch**	**Dresden (Deutsches Hygiene Museum) 1998**

Aufsätze (Sach- und Medientexte)

Bantle, Oliver	Embryonen – ein Rohstoff für die Wissenschaft	SZ, 11.5.1999, S. 21
Bartens, Werner	**Wie die Gene ins Feuilleton kommen**	**SZ, 28.9.1999**
Bauer, Axel	Auf der schiefen Ebene zum Designer-Baby	FAZ, 20.10.1999, S. 54
Beck-Gernsheim, E.	Ein Herz für Klone	SZ-Dossier, München, 1998
Habermas, Jürgen	**Sklavenherrschaft der Gene**	**SZ-Dossier, München, 1998**
Hilpert, Konrad	Klonen beim Menschen: Vision oder Alptraum?	rhs 5/99 (Religionsunterricht an höheren Schulen), S. 295 ff

Kattmann, Ulrich	**Biologie 2000**	**Unterricht Biologie 250, S. 4ff**
Jans, Gunnar	Dolly Matthäus, der geklonte Libero	SZ 9.12.1999
Reich, Jens	**Der Mensch baut sich um**	**SZ 6./7.2.1999**
Thom-Schlüter, Marlis	**Medizinische Fortpflanzungstechniken**	**Beihefter zu UB 237**
Weber, Hans	Die Sprache der Gene	Uni-Zürich Magazin 1/96
Zimmer, Dieter E.	Wir wissen zuviel	DIE ZEIT Nr. 2, 7.1.1999

Internet-Links (Auswahl)

Von den jeweiligen »Homepages« führen zahlreiche »Links« weiter.

http://www.bildungsserver.de	Der Deutsche Bildungsserver
http://www.biologie.de	u.a. Materialien für Schüler und Lehrer
http://www.bmgesundheit.de	Bundesministerium für Gesundheit
http://www.cf-selbsthilfe-koeln.de	Informative Seite über Mukoviscidose (CF) mit weiteren Links
http://www.cryobank.com	California Cryobank (»Handel« mit Spermien und Ei-Zellen)
http://www.dhgp.de	Deutsches Humangenomprojekt
http://www.genepeace.com	Genepeace
http://www.givf.com	Genetics & IVF Institute (»Handel« mit Spermien und Ei-Zellen)
http://www.greenpeace.de	Greenpeace Deutschland
http://www.learn-line.nrw.de	NRW-Bildungsserver (mit Schwerpunkt Bio-, Gentechnologie) Links zu anderen Bildungsservern und did.-meth. Angeboten
http://www.LifeScience.de	u.a. Materialien für Schüler und Lehrer
http://www.mpg.de	Max-Planck-Gesellschaft
http://www.mpiz-koeln.mpg.de	Max-Planck-Institut für Züchtungsforschung, Köln
http://www.nature.com	»Die« naturwissenschaftliche Fachzeitschrift
http://www.oeko.de	Ökoinstitut
http://www.quarks.de	WDR-Wissenschaftsmagazin
http://www.rki.de	Robert-Koch-Institut
http://www.spektrum.de	(Populär-)Wissenschaftszeitschrift
http://www.wz.nrw.de	Wissenschaftszentrum NRW
http://www.zeit.de	DIE ZEIT (Link-Sammlungen)

Filme (Videos), CD-ROMs

Gattaca	USA, 1997, R u. B: Andrew Niccol
Geboren 1999	D, 1992, R: Kai Wessel
Genetik und Gentechnologie	CD-ROM, FWU, 1999
Gentechnik – Spielen Wissenschaftler Gott?	VHS, FWU, 1995
Gentechnik beim Menschen	VHS, FWU
Jurassic Park	USA, 1993, R: Steven Spielberg; B: Michael Crichton
Methoden der Gentechnologie	VHS, FWU, 1998
The Lost World	USA, 1997, R: Steven Spielberg; B: Michael Crichton

Kopie 1: Literarisches Quartett

»Der Klon lebt ja bereits mitten unter uns, wenn auch erst in Gedanken und Worten, Filmen und Büchern« (S. 179)

Im Stile des Literarischen Quartetts stellen drei oder vier Schüler jeweils drei Romane (oder auch Filme) vor und diskutieren anschließend über die Texte und ihre eigenen Leseerfahrungen und Lektüreeindrücke.

Vorbereitende Aufgabe:

- Informiere dich über die gleichnamige ZDF-Sendung und die ständigen Teilnehmer dieser Diskussionsrunde. Stelle sie kurz vor!

Beachte bei der Vorbereitung folgende Hinweise:

- Es geht nicht um fundierte Interpretationen: »*Zu dem Vorwurf dieses Quartett beurteile Bücher nur oberflächlich, kann ich nur antworten: nicht oberflächlich, sondern sehr oberflächlich! […] Natürlich ist es oberflächlich, natürlich können wir nur anregen, können nur die Problematik, das Klima, die Atmosphäre des Buches beschreiben. Aber das ist doch nicht gering zu schätzen.*« (M. Reich-Ranicki)
- Geübt werden soll vor allem die Anwendung zentraler Methoden mündlicher Arbeit im Deutschunterricht, so zum Beispiel:
- Formen freier Rede, sachbezogenes Argumentieren und flexible Reaktionen und Interaktionen in einer Gesprächsrunde und
- die mündliche Präsentation von Arbeitsergebnissen.
- Achtet auf die Zeit! Ihr habt genau 45 Minuten zur Verfügung, die allerdings auch voll ausgeschöpft werden müssen!

Hinweise zur Durchführung der Gesprächsrunde

- Innerhalb des Kurses/der Klasse werden Vierergruppen (in Ausnahmefällen Dreiergruppen) gebildet.
- Die Gruppen entscheiden sich für die vorzustellenden Bücher.
- Ein von der Gruppe bestimmter Gesprächsleiter (Moderator) legt die Reihenfolge der Buchvorstellungen fest, leitet in das Gespräch über die Romane ein, moderiert die Runde und formuliert ein Schlusswort. Nur in einer Dreiergruppe stellt auch der Moderator ein Buch vor.
- Über jeden Roman wird 10-13 Minuten gesprochen. Jedes Gruppenmitglied stellt ein Buch vor.
- Beurteilt werden Buchpräsentation und Gesprächsverhalten in der Diskussion.
- Kurzkritiken können in Schriftform vorgelegt werden.

Publikumsrunde • Lesung

In der folgenden Unterrichtsstunde haben die übrigen Schülerinnen und Schüler in einer Publikumsrunde Gelegenheit, weitere Fragen zu stellen. Ebenso lassen sich hier kurze Lesungen aus den besprochenen Texten einschieben und weitere Hinweise zu den vorgestellten Autor(inn)en geben. Auch diese Stunde wird von der Gruppe unter der Regie des Moderators gestaltet.

Romane zum Themenkreis (Auswahlhilfe):

- Charlotte Kerner. *Geboren 1999*
- Aldous Huxley. *Schöne neue Welt*
- Johannes Mario Simmel. *Doch mit den Clowns kamen die Tränen*
- Birgit Rabisch. *Duplik Jonas 7*
- Michel Crichton. *DinoPark* (*Jurassic Park*)
- Michel Houellebecq. *Elementarteilchen* (nur Sek. II)
- …

Kopie 2: Klasse(n) Streit-Gespräche : *»BLUEPRINT ist ein Buch zum Streiten«* (S.182)

Vorbereitung
Jede Gesprächsrunde wird von einem Moderator/einer Moderatorin geleitet.
Die maximal vier Diskussionsteilnehmer(innen) repräsentieren Figuren aus den gelesenen und/oder vorgestellten Werken. Der Rest der Klasse bildet das »Studiopublikum«, das applaudieren, aber nicht in die Diskussion eingreifen darf.
Je nach Absprache dauert die Diskussion 30-40 Minuten.

Kandidatenauswahl
Gruppe 1: Literarische Figuren
Iris; Siri; Mortimer G. Fisher,
Jonas Helchen; Prof. Jaffle; Duplik Jonas H.
Dr. Faust ; Wagner; Homunculus ;
Michel Djerzinski
...

Gruppe 2: Fachleute und Laien
Wissenschaftler, Arzt; Biologe, ...
Direkt Betroffener
Indirekt Betroffener
»Widerstandsgruppen«
Vertreter der Wirtschaft/Industrie
Journalist; Autor
Politiker
...

Aufgaben
1. Entscheide dich für eine Rolle und suche in den entsprechenden Werken nach Informationen. Erstelle zur Vorbereitung der Diskussion ein »Profil« deiner Rolle. Dabei kannst du auch zusätzliches Material nutzen, solltest aber grundsätzlich »nicht aus der Rolle fallen«, d.h. du musst die Position der gewählten Rolle vertreten.
   Verfasse ein Statement, das du zu Diskussionsbeginn abgibst. Achte darauf, dass dies nicht abgelesen werden darf, sondern frei vorgetragen werden soll.

2. Der Moderator/die Moderatorin lädt ein, d.h. er/sie wählt die Figuren aus. Dabei muss er auf eine Ausgewogenheit in der Zusammensetzung seiner Runde achten.

3. Ablauf der Diskussionsrunde: Vorstellung der Teilnehmer(innen) durch den Moderator • Kurzes Statement der Teilnehmer • Diskussion • Schlusswort des Moderators

4. Die Zuhörer verfassen (als Hausaufgabe)
   - als »Zuschauer« einen Leserbrief
   - als »Journalist« eine Kritik oder einen Kommentar zur Diskussionsrunde

Kopie 3: ***»Menschenklone dagegen könnten sprechen, von sich erzählen – …«*** (S.180)

Durs Grünbein: *In utero* (Auszug)

1

Niemand berichtet vom Anfang der Reise, vom frühen Horror
Betäubt in den Wassern zu schaukeln, vom Druck
In der Kapsel, vom Augenblick, der sie sprengt.
Wochenlang blutig, und das Fleisch wächst amphibisch
Zuckend wie die Frösche Galvanis, in Folie eingeschweißt.
Horchen ist trügerisch und das Strampeln vergeblich

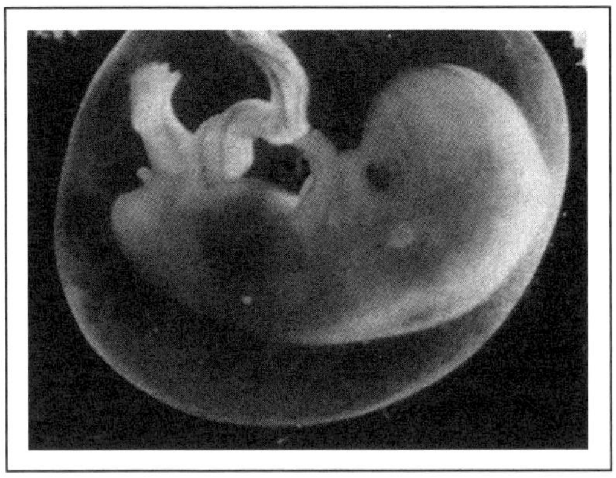

Bildquelle: Bauer, Humanbiologie, Cornelsen, Berlin 2000, (S. 41)

Wo Liebe erwidert und ein Herz schlägt, so nah.
Über Kloschüsseln hängend wie über offenem Grab
Erwacht bald die Scham. Und es gibt kein Zurück
Für die Hände, die Füße, Farnblättchen gleich eingerollt
Oder schlafenden Mücken, für Jahrmillionen im Bernstein.
Bis es die ersten Namen gibt, später, herrscht Dunkel,
Ein Chorus aus Lauten wie Alkohol, Hoden und Elektroden.
Hautfalten kräuseln sich, dass man den Säugling erkennt.
Alles ist vorstellbar, und ein Gehirn schaut herab.
Ein Blitz zaubert Landschaft in leere Augen.
Um als Lurch zu beginnen und zu enden als Mensch [...]

Arbeitsanregungen:

- Kläre dir unbekannte Begriffe des Gedichtes von D. Grünbein.
- Informiere dich im Biologiebuch über die menschliche Keimesentwicklung.
- Verfasse eine Stellungnahme zu dem Gedicht Grünbeins.
- In deinem Biologiebuch finden sich sicher weitere Aufnahmen von Embryo oder Fetus. Wähle eine aus und suche (oder schreibe!) dazu einen passenden literarischen Text! Du kannst auch Auszüge aus *Blueprint.Blaupause* dazu verwenden.
- Alternative:
  Wähle aus der Dia-Serie **Ein Mensch entsteht** (Biologielehrer(in) fragen!) ein Bild aus und überlege, welche literarischen Texte oder Lieder du dazu vortragen möchtest.
- Schreibe einen Text aus der Perspektive Siris während sie als Fetus in der Fruchtblase »schwimmt«!
- Falls du mit entsprechenden Verfahren vertraut bist, kannst du am Computer ein Seitenlayout zum Thema »Im Mutterleib« entwerfen.
  Alternative: Eine Collage auf einem DIN A4/DIN A3-Blatt.

Kopie 4: Literarisch-biologische Signaturen

Aufgaben:

1. Suche zu den folgenden Abbildungen passende literarische Texte (Gedichtzeilen/ Auszüge aus dem Roman/Verse aus Dramen/ …).
   Natürlich kannst du auch eigene Texte verfassen.
2. Gestalte mit Bild und Text(en) eine Seite für die Schülerzeitung.

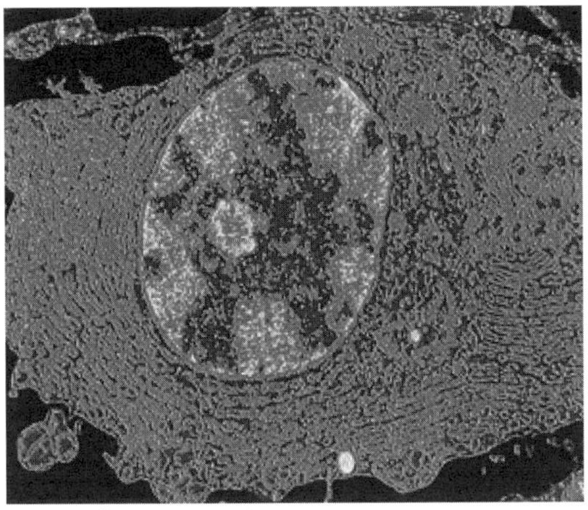

Körperzelle eines Menschen

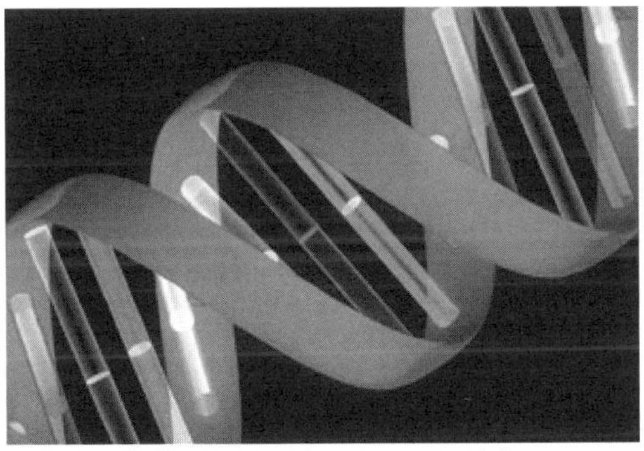

Die Doppelhelix der DNA als Computermodell

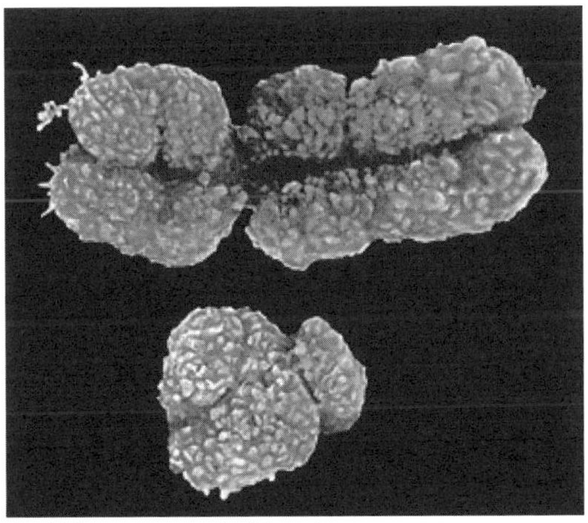

Zwei Chromosomen des Menschen

Bildquelle: Livingston, Mark. Crash-Kurs Genetik. NZZ-Folio 9/2000. S.74ff, Zürich
Artikel und Bilder sind aus dem Internet herunterladbar (nzz.ch)

Kopie 5: Texte

Text 1

Was macht Euch so ängstlich?

»Eines Tages werden wir erkennen, daß die oberste Pflicht, die unvermeidliche Pflicht guter Bürger darin besteht, ihr Blut der Nachwelt zu hinterlassen; und daß es uns nicht darum gehen kann, die Fortpflanzung von Bürgern des falschen Typs zu erlauben. Das große Problem der Zivilisation besteht darin, einen relativen Zuwachs der wertvollen und nicht der weniger wertvollen oder gar schädlichen Elemente in der Bevölkerung sicherzustellen.

... Dieses Problem können wir nur bewältigen, wenn wir dem immensen Einfluß der Erbanlagen Rechnung tragen . . . Ich wünschte, man könnte die ungeeigneten Menschen davon abhalten, sich fortzupflanzen; und wenn der böse Charakter dieser Menschen allzu eklatant ist, sollte dies unbedingt möglich sein. Kriminelle sollten sterilisiert werden, und Minderbegabten sollte verboten werden, Nachkommen zu hinterlassen ... Wir sollten dafür sorgen, daß sich vor allem die geeigneten Menschen fortpflanzen.«

Von wem stammen diese Worte? Von Adolf Hitler? Nein. Sie stammen von Theodore Roosevelt, dem sechsundzwanzigsten Präsidenten der Vereinigten Staaten. …

(Jeremy Rifkin: Was macht Euch so ängstlich?
F.A.Z.; 18.11.2000, S. 41)

Text 2

Frankreich

Baby wurde genetisch ausgewählt

Paris - In Frankreich ist zum ersten Mal ein genetisch ausgewähltes Kind geboren worden. Der Junge namens Valentin wurde im Reagenzglas gezeugt, kam sechs Wochen zu früh zur Welt und ist wohlauf, wie das Antoine-Béclère-Krankenhaus in Clamart südlich von Paris am Mittwoch mitteilte. Erstmals in Frankreich wurde dabei die so genannte Präimplantations-Diagnose (PID) angewandt. Bei diesem Verfahren wird der künstlich befruchtete Embryo vor der Einpflanzung in den Mutterleib durch Zellentnahme auf Erbkrankheiten hin untersucht.

Ein Elternteil Valentins ist Träger einer vererbbaren, unheilbaren Leberkrankheit, dem Ornithin-Transcarbamylase-Mangel, wie der Leiter der Geburtenklinik im Béclère-Krankenhaus, René Frydman, mitteilte. Valentin ist von der bei Neugeborenen zumeist tödlichen Krankheit nicht betroffen. Die Mutter hatte nach Angaben Frydmans bereits drei Kinder mit dieser Erbkrankheit zur Welt gebracht, die später starben.

Das erste im Reagenzglas gezeugte Kind, bei dem eine solche Diagnose vorgenommen wurde, kam 1990 in den USA zur Welt. Außer in den USA wird das Verfahren auch in Australien, Großbritannien, Schweden, Belgien und in den Niederlanden angewandt. In Deutschland ist die PID verboten, in Frankreich seit einem Jahr für Eltern »mit besonders schweren und unheilbaren Erbkrankheiten« erlaubt. Die PID muss jedoch einzeln genehmigt werden und darf nur in drei Zentren, in Paris, Montpellier und Straßburg, vorgenommen werden. Die Embryos dürfen nur auf eine Erbkrankheit der Eltern hin untersucht werden. In Belgien, Großbritannien und den USA wird diese Diagnose dagegen weitgehend ohne Einschränkungen praktiziert.

In Deutschland wird derzeit über eine Lockerung des Embryonenschutzgesetzes diskutiert. Die PID-Gegner warnen vor allem davor, dass dies einer generellen Auswahl von Embryos anhand gesundheitlicher Kriterien Tür und Tor öffnen würde. Diese Diagnose könne Eltern dazu verleiten, von einem »Recht auf ein gesundes Kind« auszugehen, warnte die Tübinger Wissenschaftlerin Hille Haker, Mitglied der Bundestags-Enquête-Kommission über Recht und Ethik der modernen Medizin. (afp, dpa)

Kölner Stadtanzeiger; 16.11.2000

Arbeitsanregungen für Arbeitsgruppen:

- Informiert euch über die Begriffe »Eugenik«, »Erbgesundheitslehre« und die »Rassegesetze des 3. Reiches«.
- Informiert euch über die in Text 2 angesprochenen Gesetze, Begriffe und die Bundestags-Enquête-Kommission. Nutzt dazu das Internet!
- Bereitet eine Diskussion zum Thema »Recht auf ein intelligentes Kind« vor.

Kopie 6: Das Motto (S. 5)/**Nachwort der Autorin** (S. 180):

»Der Tierzüchter weiß jeweils, was er vom Tiere will.
Aber wissen wir auch, was wir vom Menschen wollen?«
Hans Jonas, Philosoph

1. Aufsätze: Material

Jonas, Hans	Laßt uns einen Menschen klonieren: Von der Eugenik zur Gentechnologie	In: Jonas, H.: Technik, Medizin und Ethik. (S. 162ff)	Frankfurt 1987 (suhrkamp Tb 1514)
Steinvorth, Ulrich	Kritik der Kritik des Klonens	In: Ach/Brudermüller/ Runtenberg (Hrsg.). Hello Dolly? Über das Klonen.	Frankfurt 1998 (edition suhrkamp 2060)

2. Diskussionsforum: Fortpflanzungsmedizin und Klonen (www.LifeScience.de) Arbeitsanregungen:

Gruppe 1:
Beschafft euch den Text von H. Jonas (Stadtbücherei!). Stellt der Klasse/dem Kurs die Abschnitte *6. Klonieren* (S. 179ff.) und *9. Schlußbemerkung: Schöpfertum und Moral* (S. 200f) vor.
Überlegt, in welcher Weise ihr eure Ergebnisse präsentieren wollt: Wandzeitung, Thesenpapier, Zitatensammlung ...

Gruppe 2:
Beschafft euch den Text von Ulrich Steinvorth (Stadtbücherei!). Steinvorth setzt sich u.a. mit der Kritik Jonas‘ auseinander.
Stellt daher der Klasse vor allem die Abschnitte *Jonas‘ Verwerfung des Klonens/Kritik des Arguments* und *Könnten geklonte Menschen nicht ihren eigenen Weg finden?* vor (S. 98-105).
Überlegt, in welcher Weise ihr eure Ergebnisse präsentieren wollt: Wandzeitung, Thesenpapier, Zitatensammlung ...

Gruppe 3:
Unter www.LifeScience.de findet ihr einen Link zum Forum **Fortpflanzungsmedizin und Klonen.**
Informiert euch über den aktuellen Stand der Forschung und Diskussion.
Ein weiterer Link führt euch zum Diskussionsforum zu diesem Thema. Wertet die dort eingegangenen Beiträge aus. Verfasst einen eigenen Beitrag.
Stellt dann der Klasse diese Internet-Adresse und das Forum vor.
Überlegt, in welcher Weise ihr eure Ergebnisse präsentieren wollt: Wandzeitung, Thesenpapier, Ablegen wesentlicher Seiten auf den Schulserver, so dass einzelne Schüler(innen) gezielt darauf zurückgreifen können ...
Sofern möglich, könnt ihr der Klasse/dem Kurs die Seite auch im Computerraum präsentieren.

Diskussionsrunde: Ein Streitgespräch
»Was persönliche und gesellschaftliche Moral im Fall des Klonens bedeutet, darüber muss weiter diskutiert werden. Und was Mut zur Moral bedeutet, darüber muss gerade auch im Einzelfall gestritten werden.« (S. 181)

Plant vor dem Hintergrund des Romans und der vorangegangenen Gruppenarbeit ein Streitgespräch im Sinne Charlotte Kerners!
Ihr könnt auch den Beitrag des Bundeskanzlers Gerhard Schröder (Kopie 14) hinzuziehen!

Kopie 7: *»Kommission für Fortpflanzungsfortschritt« (Commission for Reproductive Progress, CPR)* (S.176)

Material:
1. »Egoklon« (S.174-177)
2. Embryonenschutzgesetz (Auszug)
3. Eser et al. *Klonierung beim Menschen.* In: Ach/Brudermüller/Runtenberg (Hrsg.). Hello Dolly? Über das Klonen (S. 223ff.)
   Zu bearbeiten ist der Abschnitt III. Zur rechtlichen Beurteilung (S. 239-245)

Embryonenschutzgesetz (EschG):

§ 4

Eigenmächtige Befruchtung, eigenmächtige Embryoübertragung und künstliche Befruchtung nach dem Tode

(1) Mit Freiheitsstrafe bis zu drei Jahren oder mit Geldstrafe wird bestraft, wer
1. es unternimmt, eine Eizelle künstlich zu befruchten, ohne daß die Frau, deren Eizelle befruchtet wird, und der Mann, dessen Samenzelle für die Befruchtung verwendet wird, eingewilligt haben,
2. es unternimmt, auf eine Frau ohne deren Einwilligung einen Embryo zu übertragen, oder
3. wissentlich eine Eizelle mit dem Samen eines Mannes nach dessen Tode künstlich befruchtet.

(2) Nicht bestraft wird im Fall des Absatzes 1 Nr. 3 die Frau, bei der die künstliche Befruchtung vorgenommen wird.

§ 5

Künstliche Veränderung menschlicher Keimbahnzellen

(1) Wer die Erbinformation einer menschlichen Keimbahnzelle künstlich verändert, wird mit Freiheitsstrafe bis zu fünf Jahren oder mit Geldstrafe bestraft.

(2) Ebenso wird bestraft, wer eine menschliche Keimzelle mit künstlich veränderter Erbinformation zur Befruchtung verwendet.

(3) Der Versuch ist strafbar.

(4) Absatz 1 findet keine Anwendung auf
1. eine künstliche Veränderung der Erbinformation einer außerhalb des Körpers befindlichen Keimzelle, wenn ausgeschlossen ist, daß diese zur Befruchtung verwendet wird,
2. eine künstliche Veränderung der Erbinformation einer sonstigen körpereigenen Keimbahnzelle, die einer toten Leibesfrucht, einem Menschen oder einem Verstorbenen entnommen worden ist, wenn ausgeschlossen ist, daß
a) diese auf einen Embryo, Fötus oder Menschen übertragen wird oder
b) aus ihr eine Keimzelle entsteht, sowie
3. Impfungen, strahlen-, chemotherapeutische oder andere Behandlungen, mit denen eine Veränderung der Erbinformation von Keimbahnzellen nicht beabsichtigt ist.

§ 6

Klonen

(1) Wer künstlich bewirkt, daß ein menschlicher Embryo mit der gleichen Erbinformation wie ein anderer Embryo, ein Fötus, ein Mensch oder ein Verstorbener entsteht, wird mit Freiheitsstrafe bis zu fünf Jahren oder mit Geldstrafe bestraft.
(2) Ebenso wird bestraft, wer einen in Absatz 1 bezeichneten Embryo auf eine Frau überträgt.
(3) Der Versuch ist strafbar.

Arbeitsanregungen

- Untersuche die Sprache der Texte. Stelle Gemeinsamkeiten und Unterschiede tabellarisch dar. Kläre dir unbekannte Begriffe.
- Fasse den Inhalt der einzelnen Texte jeweils kurz zusammen.
- Informiere dich über die anderen Paragraphen des ESchG.

- *»Die Kosten werden nicht von den Krankenkassen übernommen. Für das nächste Jahr liegen der CRP bereits 5200 Klonschaftsanträge vor, die Hälfte davon haben Singles gestellt …«* (S. 177)
  Welche Probleme sind in dieser Aussage enthalten? Beziehe dazu Stellung!

Kopie 8: Nachwort der Autorin:
»… das Mögliche weiterzudenken« (S. 178)

Material:

1. Charlotte Kerner; Blueprint.Blaupause: *Nachwort der Autorin* (S. 178-182)

2. A.Eser/W.Frühwald/L.Honnefelder/H.Markl/J.Reiter/W.Tanner/E.-L.Winnacker. Klonierung beim Menschen. (Stellungnahme für den Rat für Forschung, Technologie und Innovation (April 1997)). In: Hello Dolly? Über das Klonen. Frankfurt 1998; S. 246/47

IV. Schlussfolgerungen

In naturwissenschaftlicher Sicht bleibt abzuwarten, ob sich die in Schottland entwickelte Möglichkeit einer Klonierung von Säugetieren bestätigt. Wenn dies der Fall ist, kann die Anwendbarkeit beim Menschen nicht als unmöglich betrachtet werden.

In ethischer Sicht zeigt eine erste Prüfung im Licht der akzeptierten ethischen Prinzipien, dass eine Klonierung beim Menschen weder im Hinblick auf die Legitimität der Ziele noch auf die Vertretbarkeit als Mittel zulässig ist.

In rechtlicher Sicht ist eine Klonierung beim Menschen – sowohl in Form der Embryonenteilung als auch der Kerntransplantation – nach deutscher Gesetzeslage verboten. Zur Klarstellung sind allenfalls technische Anpassungen des Wortlauts des Gesetzes erforderlich.

Die deutsche Rechtslage ist aber nur begrenzt wirksam, solange nicht international verbindliche Regelungen getroffen sind. Für eine solche dringend erforderliche internationale Regelung scheint – über EU-interne Regelungen hinaus – die Menschenrechtskonvention zur Biomedizin des Europarats eine geeignete Grundlage zu sein. Sie erlaubt, in dem vorgesehenen Protokoll zum Embryonenschutz ein entsprechendes Verbot zu verankern. Da die Konvention nur von den Mitgliedsstaaten des Europarats sowie den USA und Kanada unterzeichnet werden kann, sind weiterreichende internationale Vereinbarungen erforderlich. Um ihre Grundlagen zu erarbeiten, ist ein internationaler ethisch-rechtlicher Diskurs erforderlich.
Ein wirksamer Beitrag zu diesem Diskurs von deutscher Seite setzt eine vertiefte Klärung in der Sache und eine intensive Auseinandersetzung mit den international vertretenen Positionen und ihren Begründungen voraus. Dazu gehört eine Beschäftigung nicht nur mit den ethischen Prinzipien und ihren Anwendungsproblemen, sondern auch mit den naturphilosophischen, anthropologischen und sozialen Aspekten der durch die Klonierung aufgeworfenen Fragen. Dies ist nicht ohne eine Beteiligung der mit der ethischen Urteilsbildung befassten Wissenschaften möglich. Um dieser Aufgabe gewachsen zu sein, sollte der professionelle interdisziplinäre ethische Diskurs in Deutschland verstärkt weiterentwickelt und gefördert werden.

Arbeitsanregungen

- Vergleiche die Schlussfolgerungen der Wissenschaftler mit der Position Charlotte Kerners.

- Welchen Beitrag kann der Roman (die Schule) zu diesem Diskurs leisten?

- Beziehe im »Streit« eine eigene Position. Begründe deinen Standpunkt!

Kopie 9: »*Ob Mann oder Frau – endlich war jeder ganz unabhängig vom anderen Geschlecht. Die Jungfernzeugung für Frau und Mann – welch ein Fortschritt!*« (S.14)

Material:
Text 1: Evolution: Warum Männer keine Kinder bekommen (*Nature* 16.03.2000: pp 281-285)

Schon seit langem rätseln Evolutionsbiologen über die »Kosten der Sexualität«. Dabei wundern sie sich weniger über die Ausgaben für Nerzmäntel, Sportwagen, Kinder oder Scheidungen, sondern schlicht und einfach darüber, warum es die sexuelle Fortpflanzung überhaupt gibt. Denn ungeschlechtliche Vermehrung scheint für eine Art oberflächlich gesehen die vernünftigere Strategie zu sein, für Nachwuchs zu sorgen. Immerhin kann sich in einer asexuellen Spezies jedes Individuum beliebig oft teilen, wohingegen bei sich sexuell vermehrenden Arten nur die Frauen Kinder bekommen. Männer sind dagegen teure Luxusgüter, die nur faulenzen und Golf spielen. Und trotzdem finden sich überall sexuelle Arten. Wie kommt es, dass diese nicht durch effizientere (wenn auch weniger interessante) asexuelle Klone ausgerottet werden? Üblicherweise lautet die Erklärung, dass die größere Variation bei sich geschlechtlich fortpflanzenden Spezies den Aufwand für Männer ausgleicht. Aber eine größere Variation wirft erst im Laufe der Evolution Gewinn ab, während die »Kosten« für das männliche Geschlecht sofort anfallen.
Diese Woche verkünden C. Patrick Doncaster und seine Kollegen von der University of Southampton in Großbritannien, einen Ausweg aus dem Dilemma zu haben (Nature 404, pp 281-285; 2000). In einem Modell simulierten sie eine Situation, in der sexuelle und asexuelle Arten um Ressourcen konkurrieren. Die asexuelle Spezies hatte mehr Nachkommen als die sich sexuell fortpflanzende Art und nutzte die Ressourcen stärker aus. Da ein Klon dem anderen fast identisch ist, wurde sie durch die innerartliche Konkurrenz zerrissen. Weiterhin neigen Individuen in einer solchen Art zum Spezialistentum. Individuen einer sexuellen Spezies dagegen variieren stärker und sind auch eher Generalisten. Daher rotten asexuelle Arten sexuelle nicht notwendigerweise aus. Stattdessen stellt sich zwischen beiden ein Gleichgewicht ein. Im weiteren Verlauf könnte dann allerdings die sexuelle Spezies den Sieg davontragen.

Text 2: Das Streiflicht (Süddeutsche Zeitung v. 17.3.2000, S.1)

(SZ) Man kann nicht sagen, dass er gut beleumundet ist. Zu allererst erschien noch vorsichtig die kategorische Verneinung im Gewand einer Frage: Hat der Mann versagt? Bald folgte schweres Geschütz: die selige Valerie Solanas mit ihrer weitergehenden Kriegserklärung, dem Manifest *For Cutting up Men* (cutting up – etwa: Befreiung von sich selbst). Damit war alles gesagt. Die ehem. Herren der Schöpfung zogen ihre Rute ein, grienten in ihren Reservaten über die Partywitze des *Playboy* oder delektierten sich unter der Bettdecke an der beschabten Bibel des Frauenhassers P. J. Möbius – an dessen Hauptwerk *Über den physiologischen Schwachsinn des Weibes.* Auch an dieser Stelle ist seit damals, etwa 1970, von radikalfeministischen Autorinnen an die vierhundert Mal die Existenz der Spezies Mann geleugnet worden. Unangenehmer jedoch waren männliche Kollaborateure, welche sich einbildeten, durch winselnden Verrat an der eigenen Sache und durch unterwürfige Texte einen Platz auf der Fußmatte erlangen zu können. Vergangenheit. Der Geschlechter-Krieg schien sanft entschlafen, der alte Werte-Kanon hatte sich gesund zurückgemeldet. Insbesondere bei diesen jungen Menschen ist Frau wieder Frau; und ein Mann an sich – absolut notwendiges Besitzstück. Wie früher.
Der Schock kam in Gestalt einer Agentur Meldung (AP), die geeignet ist, alte Gräben aufzureißen. Sie beginnt mit dem ungeheuerlichen Satz, wissenschaftlich existiere bisher weder eine schlüssige Erklärung, »warum es Männer gibt« noch warum geschlechtliche Vermehrung überwiege, anstatt dass Natur bei den mehreren Lebewesen es so einfach, effektiv und asexuell einrichtet wie beispielsweise bei den Regenwürmern, welche, bekanntlich eine Rasierklinge benutzen. In Sonderheit galt bisher als offen (beruft sich AP auf das Wissenschaftsmagazin *Nature),* warum Männchen »mitgeschleppt« werden, obwohl unmittelbarer Nutzen durch sie nicht entstehe. Das hätten die Heroinnen des Feminismus im wütendsten Kampfgetümmel nicht herber sagen können. Während die erfahrene Gattin einwenden dürfte: Der alte Faulpelz versteht Gebrauchsanweisungen.
Wichtiger für uns, dass die Wissenschaft endlich exakte Antworten fand. Drei britische Evolutions-Biologen nämlich ließen eine sextreibende und eine asexuelle Art um Lebensraum und Beute konkurrieren. Am Ende behinderten sich die Nachkommen der Regenwürmer wegen zu großer Ähnlichkeit, während die Fortpflanzungsquote der Rammler (metaphorisch gesprochen) … also entweder hat's die Agentur nicht kapiert oder die Briten haben nicht wirklich herausbekommen, ob die Vermehrung mittels Männchen ein Irrweg der Evolution ist oder nicht. In jedem Fall aber große Bögen um ranzige Pommes macht. Ratten ist danach jegliche Lust vergangen.

Arbeitsanregungen
- Charakterisiere die Sprache der Texte (Wortschatz, Satzbau, stilistisch-rhetorische Mittel). Um welche Textsorten handelt es sich?
- Kläre unbekannte Begriffe.
- Welche Aspekte der *Nature*-Meldung greift der Streiflicht-Autor auf?
  Welche Assoziationen werden geweckt? Welche Wirkung soll erzielt werden?
- Schreibe einen Leserbrief aus der Sicht Iris Sellins an die Süddeutsche Zeitung!

Kopie 10: »*Du warst nicht geschaffen für eine echte Partnerschaft, höchstens für eine Klonschaft.*« (S. 21)

Text 1: Nicolaas Michiels: Die Evolution von Fortpflanzungsweisen
(In: Max-Planck-Gesellschaft. Werkstätten der Zukunft. München 1997. S. 88)

Auf den ersten Blick erscheint Sexualität zwischen Männchen und Weibchen die erfolgreichste Fortpflanzungsweise zu sein. Man unterschätzt dabei aber, wie erfolgreich die Alternativen zum »klassischen« Sex sind. Viele Organismen sind z. B. Zwitter und produzieren sowohl Spermien als auch Eier. Andere vermehren sich ungeschlechtlich, z. B. durch Knospung oder Jungfernzeugung (= Parthenogenese, i.e. die Entwicklung eines Eies ohne genetischen Beitrag eines Vaters). Wieder andere wechseln zwischen unterschiedlichen Fortpflanzungsweisen. Wie sich ein Organismus vermehrt, richtet sich immer nach den Bedingungen. Was am effizientesten ist, wird gefördert und dies nicht nur bei niederen Organismen. Parthenogenese kommt auch bei Reptilien erfolgreich vor und das gelegentliche Auftreten von Zwittern bei Säugern zeigt, dass die Getrenntgeschlechtlichkeit ständig ihren Nutzen beweisen muss.

Dass es Alternativen zu Sex gibt, ist kein Wunder: Sex ist kostspielig. Ein sexuelles Weibchen braucht ein Männchen, um sich zu vermehren, aber ein Männchen liefert dem Weibchen nur Gene, keine zusätzlichen Nachkommen. Da parthenogenetische Weibchen ohne Männchen Nachkommen produzieren können und deshalb auch nur Töchter produzieren, haben sie das Potential, sich doppelt so schnell auszubreiten. Wenn in einer sexuellen Population eine parthenogenetische Familie neu entstehen würde, könnte sie deshalb rasch alle sexuellen Artgenossen ersetzen, weil die letzteren die Hälfte ihrer Ressourcen in »unproduktive« Männchen investieren. Zusätzliche Kosten der Sexualität entstehen durch die Halbierung des genetischen Materials und die Neuvermischung der Gene, die nicht automatisch eine Verbesserung bedeutet. Letztendlich ist Sex schlichtweg aufwendig: er benötigt raffinierte Verhaltensweisen, anatomische Anpassungen und komplizierte genetische Prozesse. [...]

Text 2: Michel Houellebecq. Elementarteilchen. Köln 1999. (Dumont) S. 301f

[...] Als er wieder in Paris war, fand er einen Brief von Desplechin vor. Laut Artikel 66 der internen Verwaltungsordnung des CNRS musste er zwei Monate vor Ablauf seines Sabbatjahrs die Wiederaufnahme seiner Arbeit oder die Verlängerung seiner Beurlaubung beantragen. Der Brief war sehr herzlich und voller Humor. Desplechin machte ein paar ironische Bemerkungen über die Verwaltungszwänge; aber immerhin war die Frist schon vor drei Wochen abgelaufen. In einem Zustand großer Unsicherheit legte er den Brief auf seinen Schreibtisch. Seit einem Jahr besaß er die Freiheit, selbst seinen Forschungsgegenstand bestimmen zu können; und was hatte er erreicht? Letztlich so gut wie nichts. Als er seinen PC einschaltete, stellte er angewidert fest, dass er achtzig neue E-mails erhalten hatte; dabei war er nur zwei Tage verreist gewesen. Eine der Nachrichten kam aus dem Institut für Molekularbiologie in Palaiseau. Die Kollegin, die ihn vertrat, hatte ein Forschungsprogramm über die DNA der Mitochondrien gestartet; im Gegensatz zur DNA des Zellkerns schien sie keine Mechanismen zu besitzen, um den durch Radikale beschädigten Code wiederherzustellen; das war keine große Überraschung. Die Universität Ohio hatte da schon etwas Interessanteres: Ausgehend von einer Untersuchung über Hefepilze hatten sie dort nachgewiesen, dass die Arten, die sich auf sexuellem Weg vermehrten, sich langsamer weiterentwickelten als die Arten, die sich durch Klonen vermehrten, die zufallsbedingten Mutationen stellten sich also in diesem Fall als wirksamer heraus als die natürliche Auslese. Der Versuchsaufbau war amüsant und widersprach eindeutig der klassischen Hypothese von der sexuellen Vermehrung als Motor der Evolution; aber das war sowieso nur noch von anekdotischem Interesse. Sobald der genetische Code völlig entschlüsselt war (und das war nur noch eine Frage von Monaten), würde die Menschheit in der Lage sein, ihre eigene biologische Entwicklung zu steuern; dann würde sich deutlich herausstellen, was die Sexualität in Wirklichkeit ist: eine unnötige, gefährliche und regressive Funktion. Selbst wenn es gelingen sollte, das Auftreten von Mutationen zu entdecken oder gar ihre mögliche schädliche Wirkung zu ermitteln, gab es bisher nicht das geringste Anzeichen für ihre Determinierung, folglich gab es keinerlei Berechtigung dafür, in ihnen einen bestimmten, nützlichen Sinn zu sehen: In dieser Richtung musste er weiterforschen, das war eindeutig. [...]

Arbeitsanregungen (Arbeitsteilige Gruppenarbeit möglich)

- Informiere dich über die Max-Planck-Gesellschaft und den Autor Michel Houellebecq !
- Charakterisiere die Sprache der Texte (Wortschatz, Satzbau, stilistisch-rhetorische Mittel). Um welche Textsorten handelt es sich?
- Kläre unbekannte Begriffe!
- Welche Auffassung von Sexualität findet sich in den Texten? Welche Aspekte menschlicher Sexualität bleiben dabei offensichtlich außer Betracht?
- Welche Rolle spielt die Sexualität für Iris Sellin? Welche Bedeutung hat sie für Siri? Begründe deine Aussagen sorgfältig!

Kopie 11: Formen des Erzählens »*Also erwartet keine normale Biografie*« (S. 11) (Vgl. auch S. 11/12)

Erzählform	Erzählverhalten	Darbietungsform	Erzählhaltung	Textbeleg
Ich-Form: Siri	personal	Erzählbericht	neutral	*Vor zwei Wochen ist mein Mutterzwilling gestorben … (S. 9)*
Ich-Form: Siri	personal	Kommentar, Reflexion	kritisch	*.. auch die von Iris, dieser vermessenen Frau, die sich für eine Göttin hielt. (S. 10)*
Du-Form (Iris)	personal	Erzählbericht	neutral	*Als du den Bericht über Fisher gelesen hattest, dachtest du zum ersten Mal … (S. 14)*
Er/Sie-Form	auktorial	Erzählbericht	neutral	*Iris war gerade dreißig Jahre alt geworden, als sich ihr Sehnerv zum zweiten Mal entzündet hatte … (S. 12)*
Szenisches Erzählen	neutral	Figurenrede, direkte Wiedergabe	neutral	*»Was kann ich tun …«* *»Klonen Sie mich…« (S. 18)*

Arbeitsanregungen:
- Vervollständige diese Übersicht. Beachte, dass die Erzählerin ihren Stil mehrfach wechselt und die unterschiedlichen Formen miteinander kombiniert.
- Nach welchen Kriterien lassen sich die Sachtexte (S. 174ff) untersuchen. Lege eine entsprechende Übersicht an.

Kopie 12: ***»Das Wort Klon mag ich übrigens nicht, weil es inzwischen abgenutzt und abgelacht ist. Ich nenne mich lieber BLUEPRINT.«*** (S. 9)

Arbeitsanregungen:

- Erläutere den Titel des Romans.
- *»Blau ist schon immer meine Lieblingsfarbe gewesen«* (S. 10). Suche weitere Beispiele für das Wortfeld **Blau** und erläutere gegebenenfalls die Bedeutung der jeweiligen Begriffe

Begriff	Textstelle	Erläuterung
Blaupause		
Blaue Beulen		
Graublaue Augen		
Double-blue		

- Das Wortfeld **KLON** ist trotz der Abneigung Siris gegen den Begriff im Roman weit verbreitet. Suche Belege und überprüfe, ob sich die Wörter im DUDEN finden. Falls nicht, formuliere einen Eintrag für den Duden.

Wort	Textstelle	»Duden-Text«
Klon		*K., der; -s, -e (engl.) durch Klonen entstandenes Lebewesen*
klonig		
klonen		
Klonopoly		
Menschenklon		
Klon-Tochter		
Klonierung		
Klony-Witze		
Kloner		
Klonoid		
Klonschaft		
Klongelüst		
Medi-Klone		
Klon-Gau		
Klon-Elter		

- Im Roman finden sich auch weitere neue Begriffe. Versuche auch hier einen Lexikoneintrag zu formulieren.

Wort/Begriff	Textstelle	Bedeutung/DUDEN-Eintrag
Missbrut		
Vazwi		
Muzwi		
Natural Kid (NK)		
Clone Kid (CK)		
Gen-Geist		

Kopie 13: Beziehungen

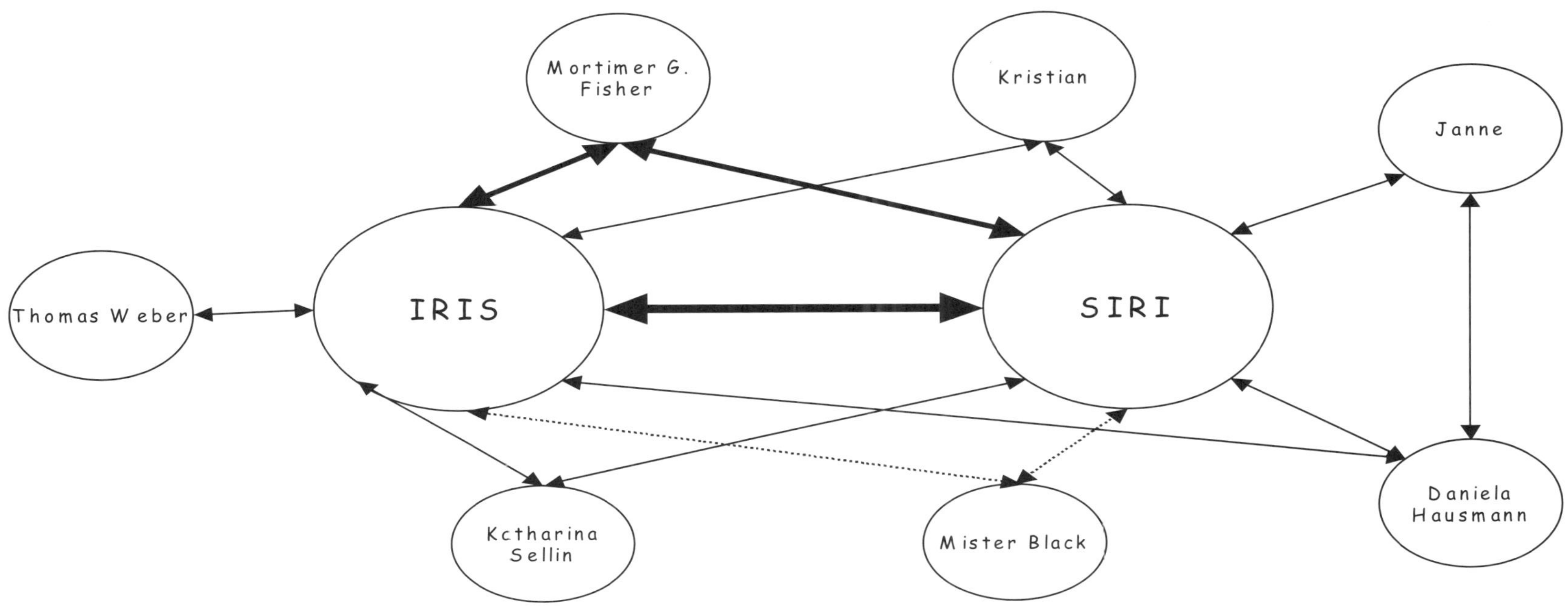

Arbeitsanregungen:
- Erläutere die Abbildung.
- Wähle einzelne Beziehungen aus und charakterisiere sie näher.

Kopie 14: *»Was persönliche und gesellschaftliche Moral im Fall des Klonens bedeutet, darüber muss weiter diskutiert werden«* (S. 182)

Gerhard Schröder: Gen-ethischer Grenzgang (Auszug)

[…] Die Fähigkeit zum Eingriff in den »intimen Informationsbestand des biologischen und speziell des menschlichen Lebens« (Jens Reich) bedeutet eine völlig neue Qualität menschlichen Wissens und menschlicher Möglichkeiten. In düsteren Prognosen wird die »Programmierbarkeit« des Menschen heraufbeschworen, eine kühl kalkulierte Ersatzteile-Medizin, ja, am Ende die Abschaffung des »menschlichen Faktors« insgesamt.

Die helleren Aussichten versprechen die Heilung von Krankheiten, die Überwindung des Hungers in der Welt und – gerade in einer hoch entwickelten Gesellschaft wie der unseren – weit reichende Perspektiven für Forschung, Entwicklung, Wohlstand und Beschäftigung. […]

Gerade bei der Bio- und Gentechnik rücken ethische Fragen in den Vordergrund, die Politik nicht an Stelle der Gesellschaft lösen kann und darf. Antworten auf diese Fragen können nur im freien öffentlichen Diskurs gefunden werden. Und gerade weil bei diesem Thema, mehr als bei jedem anderen, Wissen buchstäblich »Macht« ist, muss dieses Wissen weiterentwickelt, verfügbar gehalten und allen zugänglich gemacht werden – und dies bereits in der Schule. Ohne breites, fundiertes Wissen über die Chancen und Risiken genetischer Erkenntnisse und gentechnischer Verfahren wird unsere Gesellschaft diese Zukunftsaufgabe nicht bewältigen können.

Eine Politik ideologischer Scheuklappen und grundsätzlicher Verbote wäre nicht nur unrealistisch. Sie wäre auch unverantwortlich. Eine Selbstbescheidung Deutschlands auf Lizenzfertigungen und Anwenderlösungen würde im Zeitalter von Binnenmarkt und Internet nur dazu führen, dass wir das importieren, was bei uns verboten, aber in unseren Nachbarländern erlaubt ist. Wir würden so nicht nur den Anschluss an eine Spitzen- und Schlüsseltechnologie des 21. Jahrhunderts verlieren. Sondern wir würden uns vor allem der Möglichkeit begeben, über die Anwendungen und Folgen dieser Techniken kompetent mitzubestimmen. Es geht also nicht nur um ökonomische Wachstumsperspektiven, sondern um die Teilhabe an gesellschaftlichen Möglichkeiten. Die Bevölkerung hat ein Anrecht darauf, dass Gefahren für Mensch und Umwelt ausgeschlossen werden und dass dort, wo unser Wissen über mögliche Risiken noch lückenhaft ist, Vorsicht waltet. Aber die Menschen haben auch einen Anspruch darauf, dass ihnen die Politik Wege eröffnet, am Fortschritt teilzuhaben und ihre Lebensumstände zu sichern und zu verbessern. […]

Wir haben in Deutschland 1990 mit der Verabschiedung des Embryonenschutzgesetzes einen bis heute wirksamen und anerkannten Rechtsrahmen geschaffen. Doch vieles, was gestern noch Vision war, könnte bald Wirklichkeit werden. Im Lichte der rasanten gentechnischen und medizinischen Entwicklung müssen die Regelungen zur Fortpflanzungsmedizin ständig auf ihre wissenschaftliche und ethische Tragfähigkeit überprüft werden. Diskutiert werden muss auch, ob es für uns Gründe gibt, die in vielen EU-Ländern bereits praktizierte Präimplantationsdiagnostik in Deutschland zuzulassen.

Mit der Forschung an embryonalen Stammzellen verbinden viele Forscher große Hoffnungen, Patienten künftig mit Zell- und Organersatz, der nicht abgestoßen wird, helfen zu können. Diese Arbeiten stehen allerdings noch ganz am Anfang. Embryonale Stammzellen werden aus menschlichen Embryonen hergestellt und fallen damit unter ein Verbot des Embryonenschutzgesetzes. Eine Alternative sind möglicherweise so genannte »adulte« Stammzellen, die inzwischen in zahlreichen Organen gefunden wurden und sich vergleichsweise leicht isolieren lassen. Ich stimme mit der Deutschen Forschungsgemeinschaft überein, dass wir dem Ruf nach einer Lockerung des Verbots der Verwendung embryonaler Stammzellen so lange nicht folgen sollten, bis das biologische Potenzial der adulten Stammzellen für den Einsatz in der Medizin besser untersucht ist. […]

Die Freiheit von Wissenschaft und Forschung ist wesentliches Merkmal eines demokratischen Staatswesens und Garant für die Dynamik unserer modernen Industriegesellschaft. Selbstverständlich findet diese Freiheit ihre Schranken, wo andere Grundwerte und Freiheiten berührt werden. Doch wir wissen nicht erst seit Galileo Galilei, dass keine Macht der Welt der Erkenntnis Einhalt gebieten kann. Nur wer die Welt erforscht, kann sie gestalten. Nur wer so viel wie möglich weiß, kann darüber entscheiden, was von diesem Wissen in welcher Weise nutzbringend anzuwenden ist. Aufgabe der demokratischen Gesellschaft ist es, eine Oligarchie des Wissens zu verhindern – und zwar nicht durch Verbote, sondern durch Befähigung der Allgemeinheit.

Dabei scheint mir ein Gedanke wesentlich: Biomedizin und Gentechnik sind sicherlich in Grenzbereiche vorgedrungen. Im Grunde allerdings hat noch jeder Fortschritt in der menschlichen Wissenschaft, in der Technik, aber auch in der Philosophie mit der Befreiung des Menschen aus natürlichen oder vorgefundenen Zwängen zu tun. Deshalb sollten wir nicht die Zwänge als Argument bemühen, den Forscherdrang einzudämmen. Die definitive Grenze bei jedem Diskurs über Möglichkeiten der Erhaltung, Verbesserung oder auch Manipulation des menschlichen Lebens steht in Artikel 1 unseres Grundgesetzes: »Die Würde des Menschen ist unantastbar.« Diese Würde steht nicht in der Buchstabenfolge des Genoms.

DIE WOCHE 2000 *Ausgabe 52 vom 22. Dezember 2000*

Arbeitsanregungen

- Formuliere eine Meldung zum Artikel von Gerhard Schröder.
- Skizziere die Position des Bundeskanzlers zur Zukunft der Genforschung.
  Erläutere den Titel und formuliere einige zentrale Thesen!
- Welche Aussagen macht G. Schröder bezüglich ethischer Fragestellungen, wirtschaftlich-technologischer »Standort«-Fragen, der Aufgaben der Schule?
- Schreibe einen Leserbrief.

»Blueprint. Blaupause« ist als Gulliver 909 im Verlag Beltz & Gelberg erschienen. Lehrer/-innen erhalten ein Exemplar zum ermäßigten Prüfstückpreis. Bestellungen (mit Schulstempel!) bitte an
Beltz Medien Service, Postfach 10 01 65, 69445 Weinheim

Idee, Konzeption und Redaktion
Marlies Koenen
Institut für IMAGE + BILDUNG

www.beltz.de

Neue Rechtschreibung
Gesamtherstellung: Druck Partner Rübelmann, Hemsbach
Printed in Germany
ISBN 978-3-407-99090-7
4 5 6 7 8 11 10 09 08 07